Madame
Poipoi

Monsieur
Henri

Gino
Marto

Rémi
Lepoirore

Adrien
Dubouchon

Mélani
Lano

Tom-Tom et Nana

Superstars

Scénario : Jacqueline Cohen, Evelyne Reberg
Dessins : Bernadette Després - Couleurs : Catherine Viansson-Ponté

A LA BONNE FOURCHETTE

Marie-Lou
Dubouchon

Yvonne
Dubouchon

Nana
Dubouchon

Tom-Tom
Dubouchon

© Bayard Éditions, 2001
© Bayard Éditions / *j'aime lire,* 1997
ISBN : 978-2-7470-1400-7
Dépôt légal : septembre 2011
Droits de reproduction réservés pour tous pays
Toute reproduction, même partielle, interdite
Imprimé en France par Pollina - L66742D
Tom-Tom et Nana sont des personnages créés par
J. Cohen, E. Reberg, B. Després et C. Viansson-Ponté

C'est du cinéma

On va l'inaugurer!

Vous nous montrerez vos exploits?

Bien sûr!

A ce soir!!

CLAC!

VRRRMM!

Plus tard....

Attendez, je vais filmer notre arrivée!

Remontez dans la voiture!

Descendez... avec le sourire!

Hé, pas si vite! Remontez!

Descendez.... en chantant!

236-2

6

7

Bon, vas-y! Je serais la fée des fleurs... ♪Tra-la-la-lou♫

C'est nul, archi-nul! Y'a même pas d'action!

Allez, à toi!

Prends-moi en Tarzan!

Tu me vois?

Euh... Ouais! Monte plus haut!

Vise bien!

Je vais faire le cochon pendu!

236·4

8

Je me pends par un bras!

Par l'autre!

Je gigote!

PLOUF!

Andouille! Tu as écrasé la fourmi que je filmais!!!

Aaaah! Je me suis cassé tout le squelette!!

9

236-5

13

236-9

Bonne fête mamoche !

Tom-Tom et Nana   Superstars

Maman chérie, ferme les yeux! On a une surprise!

Oh ! Je peux voir?

Bravo! C'est pile ce qui lui faut!

Bonne fête Mamounette!!

Regarde, c'est pour toi!

... Finis les yeux bouffis, la peau avachie,...

... le teint gris les cheveux ramollis...

EH BIEN, MERCI!!

233-3

Alors, comme ça, je suis vieille et moche?!?

Mais non!!

Mais... Si tes cheveux étaient un peu plus...

Et ta peau, un peu moins...

Dire que je me suis pomponnée! Et que j'ai mis une jolie robe!

Ah, c'est réussi!!

CLAC!!

Quelle gaffe!

On l'a vexée!

Comment arranger ça?

Allez la chercher! Faites-lui des câlins!

233-4

18

Tom-Tom et Nana Superstars

Tom-Tom et Nana   Superstars

On dirait une sorcière!!

Ah?

Attention, elle approche!

N'aie pas peur, on te tient!

Aaaaaah!!

Madame Mochu!!... Comment allez-vous?

?!?

Burp!

Tom-Tom et Nana   Superstars

Pauvre papou! Il a eu un choc!

Vite, de l'eau!

Réveille-toi! On s'est trompé! C'était pas elle!!

TAP! TAP!

Oh, là, là, quel cauchemar!

Psss chiii!

C'est la fête des mères la plus ratée du siècle!!!

Une fête des mères sans mère!!!

Sans mère? Pas du tout!!

???

Mamounette!! Où étais-tu?

Dans la cour! J'ai réparé la voiture...

23

233-9

Bravo les branchés !

J'en peux plus, il me rend folle!

Mais... C'est un ordinateur!!

Voilà le mode d'emploi... Bon courage!!

Moi, j'ai rendez-vous avec cinq docteurs!

Un pour la tête, un pour les yeux, un pour le ventre, un pour le dos...

Et pour les nerfs!!

234.2

26

Pauvre madame Kellmer!!

CLAC!

Hi! Hi!

C'est pourtant bête comme chou de faire marcher ces trucs-là!

Moi qui rêvais d'un ordinateur!...

Il nous tombe du ciel!!

Gino, il faut arroser ça!!

Ça va nous changer la vie!!

Tchin! Tchin!

Nous voilà modernes!

A nous l'an 2.000!

Youpiiii!

234.3

Tom-Tom et Nana Superstars

(234.5)

Tom-Tom et Nana Superstars

On y est quand même arrivé ! Manque plus qu'une prise !

Y en a une, là, ou deux... hic !

Attention, j'envoie le jus !

OH !

AAAAAAAH !

Hop !

BONG !

BOUM !

Un coup de remontant ?

31

234-7

Tom-Tom et Nana   Superstars

Adieu Radiolette!

Cliquez, c'est l'été

Youpi ! On a mille montagnes à escalader, des levers des couchers de soleil à admirer !

MON BEAU SAPIN

Plus tard...
Prêts pour la grimpette ?

Quoi ? Vous avez apporté l'ordinateur !!!

Hé !

Hi !

Hi !

Tom-Tom et Nana Superstars

(235-3)

Le lendemain...

Je vais au glacier!

D'accord...

Le surlendemain...

Je vais au lac!

Bonne promenade!

Trois jours après...

Cette fois, ça suffit ! Vous êtes lamentables !!!

Tais-toi !

Laisse-nous nous concentrer !

On traverse la forêt amazonienne !

AAAAAH !

Attention ! Des piranhas !

Holà, ma pirogue est emportée par le courant !

Malheur, les crocodiles !

Pfff ! N'importe quoi...

clic! clic! clic! clic!

Vous n'avez même pas vu la queue d'une vache !

Oh, là, là, là, là, là !

clic! clic! clic!

gagné !!!

C'est ça, vous allez voir ce que vous avez gagné !!!

49

(235.5)

Il faut tout faire soi-même, ici !

ARGHH !

Qu'est-ce qu'il y a ?

Rien !!!

Rien dans le frigo !

Plus que des glaçons...
Et oh !
Un message !

"Rendez-vous au Pic du Diable pour un bon pique-nique" !...

"Au menu : oeufs durs, jambon cru, tomme de Savoie..."

Arrête papou !

Tom-Tom et Nana Superstars

(235-9)

Le lendemain....

Aaatchoum !

Je grelotte !

Moi, je bous !

Ma jambe ! J'ai mal !

C'est de ta faute, tu nous as tués !

Bon !....

J'abandonne !

CLAC !

Youpi !

En route pour l'Amazonie !

Je fais le noir, on verra mieux l'écran !

FIN

Bouboule déboule

On est pressés, Sophie et Rémi, nous attendent!

Eh bien, ils attendront!

L'ordinateur est en panne, il faut le porter à réparer!

Pfff! Un ordinateur dans une poussette!... N'importe quoi!

Arrêtez de rouspéter!

Vous en avez pour deux minutes!

On a l'air malin!

Zut! les voilà!

Tom-Tom et Nana   Superstars

61

237-7

Au même moment...

Il dort toujours! C'est un vrai miracle!

Pour une fois, il nous fiche la paix...

Chut !

hut !

Oh! Mais c'est le petit Bouboule !

Chuuut !

chultt !

Chchchut !

Chut !

Comme il est sage! Chuut!

Qu'il est mimi...

Aaaaaah!

Il a la tête carrée!!

Oh, taisez-vous!

Et toute plate!!!

C'est pas gentil de dire ça!

Je vous jure! Il... il...

Vous voulez faire de la peine à madame Mochu?!?

Nanard et Tom-Tomette

Super, notre tenue d'espion, hein ?

Ya pas de danger qu'elle nous reconnaisse!

Oh !

Hi ! Hi !

Vive le président !

Vive la présidente !

Hourra !!

?!!!

Tom-Tom et Nana   Superstars

Tom-Tom! Nana! Encore **vous**!!

Mais...

Non...

Comment tu as deviné ?!

Des idiots comme vous, y en a que deux!!

Oh, Marilou...

Dis nous seulement où tu vas tous les soirs!

Non, non et non!!

Ça ne vous regarde pas!!

Filez, ou je vous coupe en morceaux!

Hi! Hi! Hi!

Encore raté!

C'est dur l'espionnage!

238-3

Le lendemain....

Bon!... En quoi on se déguise?

J'ai une idée!

Je me déguise en garçon et toi en fille!

Tu crois?

Salut, mec!

J'suis beau, non?

Elle est trop longue, ma robe!

Mmm...

T'as oublié la ceinture banane!

238-4

Tom-Tom et Nana   Superstars

Et hop! Triple bouclage!

Avec la perruque de fée, tu seras superbe!

-LOF!-

Tu me trouves belle?

Mais oui!

J'aime pas trop les couleurs...

Pas de chichis! En piste!!...

Vite! Je la vois qui s'en va!

238-5

Là, on est vraiment invisibles !

Tu parles ! Tout le monde nous regarde !

! ! !

On n'a qu'à faire semblant d'être des touristes...

Allez, on parle espagnol !

Adios amigos !

Oh, bellos journalos !

JOYEUX DIMANCHE

Aïe! Patatros! Graignos!

WAF!

PAF!

Où tu es, Tom-Tom?

Ma ceinture s'est cassée!!

C'est rien!

J'en ai marre d'être une fille!

Hé!

...Alerte! L'ennemi s'échappe!!

238-7

Ouf!

Je la vois!

Elle entre là-bas!

Victoire! On a trouvé!

Qu'est-ce que c'est que ça?

CLUB OASIS

Ça a l'air génial!!

On y va!

CLUB OASIS

ICI on oublie tout! ON S'ÉCLATE!

Ma parole, c'est un zoo!

Mais non! C'est un club de gym!!

Vestiaire

Vestiaire

C'est nul! On s'en va....

Hep! Vous, là-bas!

Euh...

?!!

Oh! C'est ma soeur Tom-Tomette et mon frère Nanard!

Ah?

Ils veulent faire tout pareil que moi... Je vais les inscrire...

Mmm... La fille, c'est un sac d'os! Raide comme un parapluie!

238-9

Chère tata Noël

De toute façon, c'est pas la peine d'écrire!!

On sait tout par cœur!

On peut te le dire!

Moi, je veux des jeux pour l'ordinateur!...

Et moi, des habits pour ma poupée Barbirella!...

Stop! Inutile de crier!

Je veux une lettre! Et bien écrite!!

BANG!

238-2

76

Tom-Tom et Nana   Superstars

Une lettre :

Elle est folle ! On est morts de fatigue !

En plus, ça ne servira à rien, comme d'habitude !

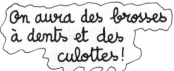

On aura des brosses à dents et des culottes !

Pas du tout ! Cette année, elle a décidé de vous offrir ce que vous voulez !

Même des jouets ?

Même des jouets !

Waouh ! Ça change tout !

Au travail !

239-3

239-5

239-7

Tom-Tom et Nana   Superstars

Là ! Là ! Regarde !

J'ai hâte de voir ce que ça donne !!

Tu as tout ? Bien sûr !

Et j'ai tout fabriqué moi-même ! A la main !!

Hein ?!?

Tu es drôlement forte, tante Roberte !

Attention !! Fermez les yeux et comptez jusqu'à 10 !

1... 2... 3...

239-9

Ça commence bien !

Alors là, bravo les enfants!

Félicitations! Pour une fois, c'est du beau travail!

On voit que vous avez pris de bonnes résolutions!

Il faudra les tenir, hein! !!!

Non mais! Vous avez du culot!!!

Nous ? Pourquoi ?

On n'a rien fait de mal !

Quoi ?!?

Et votre désordre ? Et vos saletés ?

Vos cris !

Vos disputes !

Votre flemme !!!

Ouh, là, là !

Vous feriez bien d'en prendre, des bonnes résolutions !!!

Pfou !

CLAC !

On leur dit un mot gentil et voilà le résultat !

240-3

Toujours pareil! Avec eux, faut pas rêver!

L'idéal, ce serait d'avoir un grand tableau transportable! On l'emmènerait partout!

Ce serait géniâââl!!

Nos bonnes résolutions
Je ne dirai que 8 gros mots par jour.
Je me coucherai tôt et je dormirai du matin du soir.
Je lirai 3 kilos de livres par semaine.
Je rangerai tout dans la poubelle.
Je...

AVIS du MAIRE
PRENONS TOUS de BONNES RÉSOLUTIONS!
Halte aux crottes de chien

Hé! Regarde!

Tom-Tom et Nana   Superstars

Adrien! Tu as promis de ne pas t'énerver cette année!

D'accord, je me calme, je me calme...

Je prends ce panneau...

Calmement!

Et, je sors...

Calmem...

Au voleur! C'est lui!...

Il a volé le panneau de la Mairie!!

240-3

Tom-Tom et Nana

T'es zinzin
si t'en rates un !

 ☐ N° 1

 ☐ N° 2

 ☐ N° 3

 ☐ N° 4

 ☐ N° 5

 ☐ N° 6

 ☐ N° 7

 ☐ N° 8

 ☐ N° 9

 ☐ N° 10

 ☐ N° 11

 ☐ N° 12

 ☐ N° 13

 ☐ N° 14

 ☐ N° 15

 ☐ N° 16

 ☐ N° 17

 ☐ N° 18

 ☐ N° 19

 ☐ N° 20

 ☐ N° 21

 ☐ N° 22

 ☐ N° 23

 ☐ N° 24

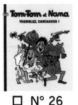 ☐ N° 25

 ☐ N° 26

 ☐ N° 27

 ☐ N° 29

 ☐ N° 30

 ☐ N° 31

 ☐ N° 33

 ☐ N° 34